Karl Wolfskehl

Ulais

Karl Wolfskehl

Ulais

ISBN/EAN: 9783741167942

Hergestellt in Europa, USA, Kanada, Australien, Japan

Cover: Foto ©Andreas Hilbeck / pixelio.de

Karl Wolfskehl

Ulais

ULAIS · VON · KARL · WOLFSKEHL
BERLIN · MDCCCXCVII · IM · VERLAG
DER · BLÄTTER · FÜR · DIE · KUNST

AN STEFAN GEORGE

DER PRIESTER VOM GEISTE

Aller lande gehäufte garben laden
Aber du neigest die stirn und lächelst lange . . . .

UND lächelst lange! Denn wie mochtest du heischen, was sie dir boten, das Mögliche wollen, gewiss der vollendung — die hand ausstrecken nach dem erreichbaren: bist du ein handlanger?

Von neuen schmerzen tauten deine lider: kein vergebliches sehnen — dass dir die reiche huldigten beleidigte deine seele. Also dass sie müde ward und in ihren vesten schlummerte. Aus kraft wurdest du unkräftig, weil du dich nicht überwinden konntest, zerschelltest du träumend deine waffen. Immer ja will das höchste über sich selber triumphierend hinausschreiten: jeder gipfel will abgrund werden einem neuen gipfel. Wo aber rauchte der brand in den versinkend du dich gebären konntest? Lange hatte man dich gelehrt, du seiest tempel zugleich und beter: kein ziel sei so hoch, kein weg so weit — du seiest das ende alles wanderns gleichwie sein anbeginn. du selbst seist das band nach dem deine stirne bange.

Du hattest gelauscht und dem raunen neigte sich dein ohr: du zogest aus im glücke des suchens und die schauer des unbekannten kühlten deine schläfe.

Mühevoll dünkten zum beginne dich frohen die pfade, nimmer zu fassen das lockende ziel und stolzer hob sich deine seele, denn in ihr brannte die lust zum ungeheuren.

Seliges sehnen versunkener tage!
Wehe dass ihm erfüllung ward!

In scham und dumpfem weh versiegte das vertrauende wagen da der sieg errungen war. Der leichte sieg! Ein spiegel war dir alles sein geworden und siehe du lachtest. Du lachtest wie nur ächzender überdruss wie nur schmerzliches grausen lachen kann. kleines ziel! kleines ziel! Also tönten deine lippen, deine seele aber blutete.

Du hülltest dich in den stolz deines leides du achtetest dessen nicht.

Und die blutflamme strömte dahin durch die weiten, sie loderte zu deinem himmel empor und verzehrte die matten zu deinen füssen. Also dass der spiegel schmolz und dein tempel wankte. Da war es als fiele eine fessel von dir ab: du blicktest auf von der stätte deiner trauer und im purpur des untergangs strahlte dir ein neues erstehen. Ein namenloses glück hob mahnend seinen finger.

Wer mag des genesenen wonne ermessen? wie eines trunkenen bebten deine lippen und deine hände hoben sich in segnender lust: anbeten, preisen durften die seligen. Eigne flamme hatte dich geläutert, du selbst hattest das ziel gefunden, das unerreichbar stets erreichte. Ihr eignes leben musste deine seele hingeben, auf dass sie leben könne. Leben im reiche des Wirklichen im lichten Saale der Vereinigung: der küste zu der nimmer ein einzelsein gelangt, die dennoch nur einzelseines strahlung ist. Im ringenden sehnen nach diesem lande, im hegen und erweitern seiner grenzen und goldenen gaue, darin fand deine seele ziel und lohn für alle zeiten.

Wie leuchtet nun ihr jugendlicher blick! Wie rüstet sie sich zum streite und bebt in kampfesgierde! Ihre sehnsucht wandelt gleich einer sonne über die gefilde, wie ein frühlingsregen weckt sie die geister des haines, nimmer aber erschöpft sich der born der lust.

Ohne ende entquellen die ströme harmonischen wirkens der neuen schale.

Verschwunden ist alles tageszagen: weggefegt die ängstliche eigensucht. Die immer am vergänglichen klebt und jedem werden abhold ist, die kleinmütige.

Ein neues priestertum ist erstanden ein neues reich den gläubigen zu künden. Brausend fühlt die seele des schaffens, des echten schaffens unaussprechliche Wonnen. Da zeugt jeder glücksgewinn ein kühneres hoffen: nur ein meilenstein zum weiterschreiten mahnend dünkt jeder sieg. Ein jubelndes Vorwärts ist alles erringen. Der Pfad zum Leben ist

gefunden, der heilige weg auf dem jeder schritt ist
gleichwie ein triumphgesang.

Stets ungestillt brannte des einzelnen heisses be-
gehren auch da seine seele aus dem dumpfen zucken
des allseins sich gerettet. Sie verdorrete schier in ihrer
wüste. Und wiederum hat sie sich hingegeben. Sehend
ist sie geworden. Aller geheimnisse wissen glänzt in
ihrem auge. Der gähnenden tiefe entflohn aus der
wüste entronnen loht sie nun empor in morgentrunkene
lüfte, ein opferrauch, aufwärts zum reich der reiche.

11

ZUM klaren Berg der blauen seligkeiten
Vergessene müde pilger schreiten
Die pforte schloss sie pochen pochen

Verlorner töne himmlisch sehnend schweifen
Schlingt sich um sie in elfenzauberreigen
Sie pochen pochen

An ihrem leibe fremde gluten rinnen
Der berg der seligkeiten strahlet innen
Sie aber pochen pochen . . .

MEIN Schwert mein Schwert wer badet dich rein?
Dort rüsten sie das fest im hain
Die holde winkt es flutet der wein

Es ist nicht blut o wär es blut
Das dich befleckt! Ich hiess es gut
Sieh ihre Schwerter blinken

Es ist nicht rost du kennst nicht ruh
Mit flammengierde kämpfest du
Doch nimmer magst du blinken

Das treibt mich fort von hain und haus
Von Freundes seite hinaus hinaus
Bis meine glieder sinken

Mein Schwert mein Schwert wer badet dich rein?

DES SCHWANES SANG

BRANDET im letzten schlage ihr purpurwogen
Milder schwingen lüftekosen wich
Sie trogen trogen
Auch mein träumen blich

Du weisses Licht   ihr sehnsuchtblassen rinnen
Die durch den äther sickern auf die thale
Mit schneeigem linnen
Hüllt mir die male!

Ihr dunklen gärten gegürtet von welken mauern
Mit leisem schlummersange fächelt o fächelt!
Scheuchet o scheuchtet des nächtigen Fürsten trauern.
Dass er mir lächelt . . . .

OSIRIS.

STRENGER Gott mit segen träufelnden händen
Ährenzeugender Flutenherr wir spenden
Schalen und düfte aus fernen schönen geländen
Halt uns Fürst mit den lebengebenden händen

Sieh wir dürsten o Herrscher sieh wir darben
Brennende gluten würgen und viele starben
Alle trauern wir bang in des todes farben
Hilf o Mächtiger gnädig sieh wir darben

Sollen wir frauen dir weihen und lockige knaben?
Dein ist ja alles Gütiger was wir haben
Kühlung gewähre und schatten uns zu laben
Dass die mädchen herrlicher blühn und die knaben

Dass nicht dein garten dorre   dein tempel falle
Dass auf ewig dein goldenes lob erschalle
Wahre dich — oder der tod vernichtet uns alle
Wahre dich Herr dass nicht du und dein reich zerfalle.

OPFERKÖNIG

»»Dich hat die glut geblendet
Die den geweihten gütig küsst
Dir wird kein trunk gespendet
Dich sehret irdisches gelüst
Von unsern stufen steige
In unserm sange schweige««

Die weissen knaben heben
Den grünen stab zu schirm und wehr
Die stolzen vögel schweben
In lichtem Reigen um sie her
FR lauscht am heiligen stamme
ER lauscht der opferflamme

Sie schmiegt sich seinen füssen
Die noch zum himmel aufgeloht
Mit götterschwingen grüssen
Die aare froh des herrn gebot
Der stab entfällt den händen
Fällt vor den heiligen bränden.

»Muss euch die flamme künden
Den nahen König armer chor?
Bergt euch in tiefsten gründen
Denn keiner lebt den ich erkor
In blumenfrohen auen
Mein neues reich zu schauen.

HIRTENLIED.

Wahret euch zeitlose blüten
Noch ist Sonnentag und sang
Meine lämmer darf ich hüten
Ohne sorg am grünen hang

Tanzt um sie in frommer acht
Meiner jungen lieder reigen
Höher sollt ihr höher steigen
Vor dem bühle haltet wacht

Scheucht und drängt und stürzt die schlimmen
Bis sie kauern eng geschart!
Meine lämmer wollen klimmen
Leitet sie auf luftiger fahrt.

ELEUSISCH

DAS Licht verlöscht die weise
Zerrinnt im blauen duft
Gezogen sind die kreise
Geborsten gähnt die gruft
Hilf uns Jakchos

Der Meister naht die ähren
Erschauern seinem schritt
Er zieht auf weissen fähren
Wie nimmer eine glitt
Heil dir Jakchos

Das Licht verlischt   im thale
Versank der lezte stern
Nun lagert euch zum mahle
Willkommen ruft dem Herrn
Heil dir Jakchos!

Dem ungelezten schmachten
Giesst er der Gnade wein
Er naht er naht in prachten
Willkommen lasst ihn ein . .
Hilf uns Jakchos!

NÄNIE

BEBEND lauscht er   mohnesgüsse
Fliessen auf die weissen glieder
Dass er heute sterben müsse
Singen ihm die quellen wieder

Von den pinien das rauschen
Schwebt heran auf schwarzen schwingen
Weisse mäntel drüben bauschen
Und die fernen saiten klingen

Milde lieder   fromme laute
Labet ihn mit lindem schatten
Streuet rosmarin und reiche
Todesblumen um den matten

Meister eile ihn zu krönen
Schlinge ihm die Purpurbinde —
Dass auch um die stirn dem schönen
Eppich sich und flieder winde!

EINZUG.

Lastet ihr auf unsern brauen
Späte kränze   fahles rot
Mahnend lockt des tages grauen
Am gestade harrt das boot
Säumt ihr bang?   die flamme loht

Zündet sie des firstes sprossen
Reift die stolze unser grab
Auf vom lager ihr genossen
Weg den kelch   zersplittre stab

Hebt die fackeln   gebt geleite!
Fürst der fahrten sieh uns nahn —
Einsam ziehn wir in die weite
Nächtig auf besternter bahn
Starker nimm uns gnädig an

Keines herrn gedungene sklaven
Freie bieten ihren arm
Dumpf im niedren zwinger schlafen
Knechte in geduldigem schwarm

Winkest du uns herr der hürden
Lobest die sich froh dir weihn!
Kühn und ledig alter bürden
Schreiten wir zur ruhe ein
Hüllt uns   Herrlicher   dein hain.

DER KÖNIG SCHEIDET

WIMMERND in nächtiges lauschen versunken
Bangen die fluren banget der Saal
Schwer   todesfahl —
Ehernen hufen entsprühen die funken —
Toset ein lediges ross durchs thal

Mädchen senket die flöten   Bekränzte
Nimmer lauschet der gäste bund
Bleich   lebenswund
Starrt   der in jauchzenden schauern glänzte
Starrt ihr blick ins erwachte rund

Greiser könig   die schale leere
Gürte dich   hebe die schirmende hand
Blick übers land
Deinen kriegern entfallen die speere
Stärke dorret und schönheit schwand

Aus den stürmen quellen die stimmen
Flammende Züge nimmer gesehen
Dunkle strassen gehn
Aus den klüften rauchet ein glimmen . . .
Siehst du des rosses mähne wehn?

Wehe schon dröhnt es auf heiliger schwelle —
«Schweiget alle die zeichen lohn
Brich   goldner thron
Meinem dürsten schäumet die quelle
Vater du rufest   müd ist dein sohn«

— Herr du verlässest deine getreuen? —
»Feierklänge umschweben mein haubt
Lust- und leidberaubt
Ruh ich bald und schlummer streuen
Haines wipfel   dunkelbelaubt.«

DIES WAR DAS ZIEL?

WELCHER ferne eherne thore springen?
Keine träume — du kennst sie — trennten die riegel
Trotzige recken rasen und schilde klingen
Rote feuer strömen aus dunkelem tiegel

Locken leuchten im thau der morgenstrahlen
Goldene locken gezäumt von seidenen vliessen
Widderhörner jubeln und tuben prahlen
Köstliche steine bangen in dumpfen verliessen

Ernst und flehend genaht auf blumigen pfaden
Bieten sie dir die krone: die herrenspange
Aller lande gehäufte garben laden . . . .
Aber du neigest die stirn und lächelst lange.

29

DIE ERLÖSUNG.

AM sklavenheerde muss die glut ermatten
Im zähen moder strauchelte und glitt
Der zage fuss der einst zur kuppe schritt
Gesenkt das haubt in schlimmer schwellen schatten

Die hand die keine rosenbande litt
Lässt sich in ehrnem frohn der schwester gatten
Die weissen zelter weiden auf den matten
Da nimmer sie zum sieg der könig ritt.

Die saiten gar vergassen ihre lieder
Sie beben ohne laut — gelöst der bann
Die fessel fällt der trübe spuk zerrann

In heiliger stille er die huld gewann
Die gnade die kein flehn erringen kann
Die lande grüssen ihren fürsten wieder

DAS OPFER.

IN schwerer schale rauchende brände
Duften schwellend am altar
Betend ring ich betend die hände
Meine seele bring ich dar

Wo im golde die büsser singen
Blüht sie und lohet zum heiligen preis
Seele seele   ich darf dich bringen
Küssen das dornengekrönte reis

Meine seele   im opferklange
Schimmert der weihen verheissenes gut
Glanz gebäre   glanz empfange
Jubelnd stirb in himmlischer glut.

AN MEINE LAUTE.

AUS sternengold in heiliger nacht geschlagen
Mit welken kränzen träumerisch geziert
Genezt mit tiefem duft betaut von klagen
Birgst du die wunder die der tag verliert.

In keuschem harren heimlich buntem spriessen
Ruht leben dort und tod in wirrem bund
Die herrin träumt im rebengrünen rund
Verderbens blumen blaun im qualm der wiesen

Erlösen darf ich deiner seele schwingen
Der unsre sonne glanz und klang verliehn
Hör ich nicht schon das leise liebe singen
Vom weissen säulenhof herüberziehn?

BLONDEL

IN meinen saiten zaget
Die ungewohnte süsse
Mit lichter chöre stimmen
Durchbeben — fernes glimmen —
Die jungen liebesgrüsse
Den tag der neu mir taget

Durft ich so ganz erraten
Ihr Guten eure gnade
In fernen zaubersälen
Sollt ich geschmeide wählen
Mir klafft die goldene lade
Mir reift die Saat der Saaten

Zur ernte darf ich rüsten
In lichten räumen hegen
Die reiche pracht der garben
In reinsten himmelsfarben
Prangt meines suchens segen
An meiner heimat küsten.

IM blau erschimmernden gewande
   Schmiege dich in der barke rund
   Im grünen sund

Kein wehen mehr · die satten lande
   Erschlummerten im reinen licht
   Das dich umflicht

Und mich dir gattet — blumenbande --
   Schon winkt das ufer dich heran
   Weiche mein kahn.

WEISSE weisse blüten tauen
Lenz und lied
Lauten laden   hehre frauen
Sehnend von dem söller schauen
Lied und lenz

Müde müde glieder beben
Lied und leid
Von dem söller schwalben schweben
Bergen ferne sich in reben
Leid und lied

Schwarze schwarze linnen laben
Lust und lied
Schöner frauen   stolzer knaben
Schlanke hände ihn begraben
Lied und lust.

37

IM DOME

SÜNDERIN die schwestern weinen

— Glomm ein schweben durch die hallen?
Blonde schwester flieht dein fuss?
Birgst dich scheu im dämmerwallen
Unserm winken unserm gruss —
«Meinen mantel fühl ich beben»

— Stolze stirn dich kühlt die stufe
Sucht dein beten Unsre Frau? —
«Die in bittrer pein ich rufe
Gnädige in strahl und blau
Wolle mich zur magd erheben»

— Blonde schwester   bang im dienen
Bang im heischen zagt die hand
Seit das wunder dir erschienen
Küssest du das goldne band —
«Herrin Herrin lass mich leben«

Sünderin   die schwestern weinen.

ZUM feierlichen amt geweihte schreiten
Die sänge dröhnen dumpf: «in ewigkeiten
Gelobt gelobt . . . .» geschmückte kerzen gleiten

Der schwarze zug verschleiert in gebeten!
Darf Sie im kreis der schwestern vor dich treten
Der lenz und nacht den weissen kranz verwehten?

Darf heut ihr auge ruhn auf deinen wangen?
Der gestern alle nachtigallen sangen
Darf sie bei des altares lilien prangen?

Im heiligen rauch verhauchen leise schritte
Die schwestern knieen: «erhör der bräute bitte
Ist eine sünderin in unsrer mitte

In glut vertilge sie . . .» die dämpfe wallen
Aus goldner weite weht ein lichtes schallen:
Die sünderin erheb ich ob euch allen

In grosser liebe durfte sie gesunden
Die himmelskrone hält ihr haupt umwunden
An ihrem leibe strahlen meine wunden.

DER SONNE NACH

Blau in düften   blau in weiten
Unsrer seelen opferbrand
Bräutlich die vereinten schreiten
Durch das morgengoldne land

Bis der welt gedehnte gassen
Dämmerschön herüber wehn
Bis im dunklen glanz die blassen
All die blassen blumen stehn.

42

WEISSE HÄNDE

ÜBER den sprossen tanzen die winde
Seliges suchen huschet im hain
Weisse hände locken so linde
Öffnen den wunder bergenden schrein
   Weisse hände   weisse hände

Die sich wie falter im blauen wiegen
Schillernde wünsche hascht ihr in hast
Schleier und hülle weicht euerm schmiegen
Lachende wimpel hisst ihr am mast

Zitternd und stolz erfüllt ihr die gnaden
Rufet die göttin von heimlicher bucht
Strahlend schon reifet an lichten gestaden
Goldenen zaubers gehütete frucht
   Weisse hände   weisse hände

43

IL TRAMONTO

IN deinen augen schwammen die weiten
Im roten wallen wiegte sich glanz
Im wehen schwoll der duft der zeiten
Vom altar hoben wir den kranz

Wie zittern milde die fernen strahlen!
Dem schweigen lauschet   dem schweigen lauscht!
Zum grossen opfergruss im fahlen
Dämmer der stille banner rauscht . .

44

DAS ENDE

VON seiner stirne floss ein fahles glimmen
Wie ein gewitter das zu thale sinkt
Hoch im gewölk verwehten frühlingsstimmen
Und seine hand zum lezten scheiden winkt

Sie nickte leise zu der wellen träumen
Versunken alle sonnen — ihre hand
Spielte mit des gewandes schwarzen säumen
Aus ihrem auge nie die thräne schwand.

CORONA

SIE war ja tot   sie rief mir heute
In grau und düster ganz gehüllt
Von goldener grabesglocken geläute
War rings die schwere luft erfüllt

Komm   komm   der riegel fiel vom thore
Sie war ja tot   so klar die bahn
Der nachwind dehnt sich dumpf im rohre
Im weissen schein die toten nahn

Ach wie die blassen lippen kosen
«Weisst du noch . . an der firne rand . .
Komm   komm die mutter harrt mit rosen»

Vom raine lief der glanz zu thale
Im bache trieb ein rotes band . . .
Ich kniee am weissen totenmale.

AUS DER GROSSEN WÜSTE

MIR war so bang und wie ein wehes raunen
Glitt leise durchs gemach der dolden hauch
Zitternd entsandt vom weissen fliederstrauch
Und in mir wuchs ein staunen

Ein grosses staunen das mit bleichen lippen
Die stirne küsste die der duft umspült
Wie wellenschaum die nachtgehüllten klippen
Mit todeskühle kühlt

. . Aus deinem bunten haus ist sie gegangen
Erschlummre nimmer da die milde schied . .
Das bleiche küssen streifte meine wangen
Als wie ein leztes lied.

So stehst du da   ganz ohne klagen
Ganz stille   immer schwieg dein mund
Zu vieles hattest du zu sagen
Ich kann dein schweigen nicht ertragen
Du bildnis   was verschweigt dein mund?

Du warst das licht das eine reine
Ich trug dich meiner bahn voraus
Den trüben pfad mit weichem scheine
Lind mir zu lösen . . und ich weine:
Ich löschte selbst das licht mir aus

Zu vieles hattest du zu sagen
Mein auge zittert . . bleiches bild
Verboten bist du meinen tagen
Nur meine nächte dürfen wagen
Dich zu begrüssen   bleiches bild.

VERBOTEN bildnis deine blicke bluten
Die lippen blichen die erhörung warben
Deiner flechten rollende fluten
Nie gedämmte   deine flechten starben

Verboten bildnis aus beglänztem thale
Zu müdem grusse mit beringter rechte
Neigest die flutende goldene schale
Im reigen meiner schwülen mitternächte

Berauschte stille deine kränze sinken
Und unser lächeln toten ein geleit
Aus früh versiegtem borne will es trinken
Im grünen haine unserm lenz geweiht.

DES tags geborgte hüllen sanken
Gewaltige nacht mit purpurranken
Hältst du die bebenden die frohen
Die in des tages lauter flut versanken
Die heiligen feuer wieder lohen!

O dürft ich eilen euch zu loben!
Des tages flammen in mir toben
Es fiel die binde der geweihten
Die priester sind   da ich genaht   zerstoben
Auf dürrem grase muss ich schreiten

Nur ring und stab dem Pilger blieben
Dem waller der vom heil vertrieben
Doch traut er seines ringes segen:
Er führ ins schwarze schloss ihn wo die sieben
Jungfraun die tote herrin hegen.

ERINNERUNGEN

WO sich die späten reigen runden
Im klaren saale fiel der thau
Wo sich die späten reigen runden
Aus schwülen sonnenschwülen stunden
Quoll kühlend das ersehnte blau

Die tagesmüden schatten steigen
Erzitternd im geborgten glanz
Die tagesmüden schatten steigen
Die lebensroten lieder schweigen
Die königin befielt den tanz

Ihr naht in zagen und in klagen
Geflohn aus trüben traumes rast
Ihr naht in zagen und in klagen
Aus purpurbächen elfenhagen
In des gedenkens banger hast

Von lichter stirne glitten schleier
Ein lächeln lauscht ein scheiden bebt
Von lichter stirne glitten schleier
In mattem schein erstrahlt die feier
Die ihr aus duft und welken webt.

ULAIS

VOM bösen baume flüstertest du heute
In dessen schweigen weisse schemen kauern
Den schläfer küssend in geheimen schauern
Den nimmermehr die neue sonne freute

Mit der entthronten stummem höhnen
Sieht er die reigen sich am bach verteilen
Sein leben zittert in gebrochnen tönen
Sein fuss will fürder und muss weilen

Aus seinen locken sinken schwarze sterne
Ein grosses büssen faltet ihm die hände
Dem blick erstrahlt in nie ereilter ferne
Das eden   da er die genesung fände.

SIE schwebt im blau des morgenwindes
Im zweifellicht von tag und nacht
Im auge das lächeln eines kindes
Dem eine krone sie gebracht

Von ihren lippen fliesst ein schweigen
In schwerer falten heiligem chor
Der sich die lilien schauernd neigen
Die rote rose sich erkor.

IHREN sitz umflossen die roten reigen
Über den wassern wiegte sich ihr blick
In die wiesen schmiegte sich ihr schweigen
Drauss die kleinen goldenen engel steigen

Aber die reigen der dienenden hehren frauen
Flüstern vom blassen hauche der nacht geschreckt
Der das schwere leben der tiefen weckt
Scheu zum monde die goldenen engel schauen

Ihre blicke taumeln und schwarze klänge
Wogen zum rande der wiese · der herrin thron
Wankt und den reigen welken die blumengehänge
Ferne vertönen der goldenen engel sänge.

VERTRÄUMTER wünsche ränke
Glimmen um ihr zögernd leben
Dass sie vom weine tränke
Eh noch die frist gegeben
Dass sie sänke sänke
Durch blüten vom dämmernden grün gewiegt
In ewig regem schweben
Zum weissen teich der nacht
Der tot vor leben liegt
Indes die weich gerührten wipfel sacht
Das lied vom werden weben.

DU hast ins Leben stumm gesehn
Mit deinen blicken die vergehn
In denen alle welten schäumen
In denen alle lenze träumen
Vom auferstehn

Wer mag den frühling dir befrein?
Wer wird der welterlöser sein?
Rings licht und hall in den geländen
Stumm ruht dein haubt in deinen händen
Ewig allein.

HERODIAS

DEN bleichen finger hebt er und lacht im hohne
Die toten blicke starren und klagen mich an
Sie raunen vom schauernden hain und vom knospenden lohne
Von küssen und küssen und schwarzer todesbahn

Sie raunen und lachen und ob ich die lippen schürze
Tief tief im schachte des lebens bettet sich qual
Und ob ich mit schläferndem gusse den becher würze
Ins dickicht der träume dringet der richtende strahl

Vernehmet alle   der heilige ward geschlagen
Um meines hasses willen verstummte sein mund
Um meiner liebe willen liess ich ihn schlagen
Um meiner gluten willen erblasste sein mund

In seinen locken schlummerten meine gnaden
Licht glänzten die lieben wenn er zur frühe schied .
Nun wird nimmer sein sehnender sang mich laden
Nimmer nimmer harrt er im lauschenden ried

Aber die blicke drohen . . . wohin ich schreite
Flimmert der locken wehende goldene flut
Deine arme Segnender Sühnender breite:
Dein ist der sieg du herrlicher! Blut um Blut!

ERFÜLLUNG.

GOLDENE tage verhallen — winzerlieder —
Segnend schreitet der Meister übers gefilde
Blaugewandet mit dem blick der milde
Mit dem tiefen reichen lächeln der milde

Hirt und herde lagern auf den matten
Mohnesgluten schlummern in den ähren
Von den halden steigen wehende schatten

Weben um die garben tauende schleier.
Heilig erntefroh erbebt das Leben
Küsst sich stumm und rüstet sich zur Feier

Harrt des Nahenden mit dem blick der milde
Kränzet einmal noch die reifen glieder
Blaugewandeter du beugst dich nieder
Beugest lächelnd dich zum Leben nieder.

ADONIS.

Um schlanke glieder schwanken lichte blüten
Gebogne ampeln deinen schlummer hüten
Ein rother mantel deckt verborgnes grauen,
In denen träumerische gluten glühten
In deinen augen schwer vom kuss der frauen
Die lezten blassen finsternisse tauen

64

Vor deiner zier die lieblichen epheben
Die greisen büsser müde arme heben
Zu deiner bahre dringt kein ruf der schaaren
Nur einen weissen falter seht ihr schweben
Er schmiegt sich zitternd deinen weichen haaren
Er fächelt und er schmeichelt lind den klaren

Und welkt · den die Geweihten schweigend loben
Adonis schied   die wilden gluten stoben
Adonis wandelt aus den lichten hallen
Den schleier hat er von dem sein gehoben
Vom baum der erde ist die frucht gefallen
Zum toten herrn die bangen heere wallen

Im weiten haine wogt das grosse trauern
Das wehe stöhnen pocht an weisse mauern
Durch alle reihn verhüllte schrecken schleichen
In allen häusern schwarze schatten lauern
Im opferrauche will die lust erbleichen
Vom leben trunken will das leben weichen.

SEMELE

AM Quell der Schwüle tief verschwiegen
Gebeugt gebeugt zum blutigen born
Am Saume des Lebens muss ich liegen
Verdorrt und lästernd muss ich liegen
Schwer wogt um mich das gelbe korn

Von meinen küssen   irrem tasten
Zuckt halm und ähre   weh und wild
Will ich in deinen blicken rasten
Wann wiegst du mich in rausch und rasten?
Wann bebt dein kommen durchs gefild ?

Hülle mich   ringendes erfassen
Brautfackeln   qualmende   seid entfacht
In deinem purpur will ich erblassen
In rosenflocken will ich erblassen
Du thau der sterne   du blut der nacht

Du goldner pfeil aus dumpfer ferne
Glanz ist dein nahen   sturm ist dein pfad
Erlöser du   wie leb ich gerne!
Gewaltiger   wie sterb ich gerne!
Herr halte mich! . O glut . . o bad . .

DITHYRAMBE

GOLDEN und trüb um schwarze gestade
Sprüht ihr im rauche sühnender lieder
Wangen   schmieget euch heiligem bade
Schwarze gestade
Bebt ihr im taumel singender glieder

Thäler der stille banget dem hehren
Heil dir Dionysos! brich das reis!
Bändiger Endiger   wonne der lehren
Jubelt dem hehren
Fachet die gluten und schlinget den kreis

Dunkel im brande   ruhen im rasen
Hüllen fallen   Du Bräutlicher werbe
Kränz uns mit küssen! alle genasen
Ruhen im rasen
Berget uns flammen   weiss strahlet das erbe!

DIE DUMPFEN LIEDER

MIR ist es nie verblichen
Was mir ganz leise rief
Ganz leise als ich schlief

Durchs zimmer kams geschlichen
Das dunkelglühende wort —
Und immer glimmt es fort

Im schatten jeder stunde
In jubel und in gram:
Das wort mir keiner nahm

Ob ich von ihm gesunde?
Ob ich gesunden will?
Das wort · · es wimmert · · still

IN den trüben gassen
Braust es und will ins licht
Ist es der reigen
Den ich verlassen?

Sind es schwälende träume
Die zum leben ich zwang
Zu meinem leben
Zu meinem drang?

Wärt ihr schatten geblieben
An der schwelle der nacht —
Ihr und ich erwacht
Ihr und ich vertrieben!

DEN traum sah ich stieben
Er flog durchs hohe haus
Wo ist der traum geblieben?
Die lichter loschen aus

Es hallt so dumpf so trocken
Wie grabschollen durchs haus
Dichter fallen die flocken
Die lichter loschen aus.

Die weite weite leere
Wirbt schaum und wirbt schein
Dass unsre tote pein
Glühend wiederkehre.

AN DEN NACHTWIND

LASSE die wasser zerrinnen
Alten gedenkens flut
Trunken in schwebendes sinnen
Wiege mich gut

Von dem bühle der berge
Grüsse kein licht
Nachtwind   schweifender ferge
Hülle mich dicht

Wiege mich gut vor tage
Harre schwelgende nacht
Jüngling mit goldener wage
Halte wacht.

HERBST

DIE nebel eilen
Auf breiten strassen
Zum singen des wassers
Die nebel eilen

Blaudunstig und leise
Entfliehen die tage
Mit weichem geflüster
Blaudunstig und leise

74

Am ufer verschwiegen
Schlummern die barken
Der fahrten müde
Am ufer verschwiegen

Der dich dürfte lenken
Du boot meiner träume —
Du harrest des starken
Der dich dürfte lenken!

O wär ich der ferge
Zum eden zum eiland
In heilige lenze
O wär ich der ferge!

WELKEN

DÜRFT ich durchs schweigende wasser streifen
Gebrochnen augs im schwarzen nachen
Der grossen stille becher greifen
O gäb es kein erwachen

Kein harren fragen flammend ringen
Kein opfern am entweihten stein —
Botin mit mohnbethauten schwingen
Wann rufst du mich zum reihn?

GEBET AN ULAIS

DASS du stürbest
Im waldgeflüster
Wo durch die buchen
Der wind sich drängt
Wo schimmerndes grün und schimmernde lieder
Schmeichelnd den faltigen fels bekränzen —
Dass du stürbest!

Siehe die blüte
Die fruchtverheissende
Siehe ein schrein
Drin kleinode scheinen
Siehe ein turm
Drin könige bangen :
Ein grosses harren
War bis heute dein heil
Und deine schritte nimmer im staube.

Aber ein Dräuen wandelt herauf
Und deine tage
Sind bald nicht mehr dein

Deine nächte — weh deinen nächten
Weh dir Ulais

Siehe dein leben
Wankt und zittert und nimmer in glut
Wird sich dein auge wandelnd verklären
Schauen durftest du
Nimmer erfassen
Keinem himmel reifen
Deine tiefen schlummernden Wunder —
Wissend macht uns dein wunder blick
Ahnen liess dich dein loos
Aber nimmer
Naht der flammmende
Der dich löse da er dich bindet
Der dich huldigend zwänge —
Nimmer · Entsagen heisse dein stolz ·
Ehe du siechest in dumpfem verdämmern
Stirb o stirb vor allem erfüllen
Stirb o stirb dein leben lösche
Wie der fackelbrand im weine versprüht.

DIESES BUCH WURDE GEDRUCKT FÜR
DEN VERLAG DER BLÄTTER FÜR DIE
KUNST IM JANUAR DES JAHRES ACHT
ZEHNHUNDERT UND SIEBEN UND NEUN
ZIG IN BERLIN BEI F. CYNAMON IN
ZWEIHUNDERT UND SIEBEN ABZÜGEN.